T 27
n 14666.

ACADÉMIE DE CLERMONT.

NOTICE

SUR

LA VIE ET LES OUVRAGES

DE

M. LE COMTE DE MONTLOSIER,

PAIR DE FRANCE, PRÉSIDENT DE L'ACADÉMIE DE CLERMONT;

Lue à la séance du 15 septembre 1842,

PAR M. LE BARON DE BARANTE,

Pair de France, Membre de l'Académie.

CLERMONT-FERRAND,

IMPRIMERIE DE THIBAUD-LANDRIOT ET Cie,
Libraires, rue St-Genés, 10.

1842.

ACADÉMIE DE CLERMONT.

NOTICE

SUR

LA VIE ET LES OUVRAGES DE M. LE COMTE DE MONTLOSIER,

PAIR DE FRANCE, PRÉSIDENT DE L'ACADÉMIE DE CLERMONT;

Lue à la séance du 15 septembre 1842, par M. le baron DE BARANTE, pair de France, membre de l'Académie.

MESSIEURS,

Lorsqu'on voit la mémoire d'un ami honorée par tous ceux qui l'ont connu, lorsque sa renommée reçoit de publics hommages, lorsque ses succès lui survivent et prennent le caractère d'une gloire durable, une douce satisfaction vient se mêler à l'ineffaçable regret de l'avoir perdu; on s'enorgueillit de l'avoir aimé et d'avoir mérité son amitié; on se sait bon gré de l'avoir jugé ce qu'il valait; on se rappelle combien de charmes avait, dans le commerce intime, cet esprit qui a conquis les suffrages publics, qui a exercé influence sur son pays et sur son temps. Et puisque vous me permettez de dire ainsi ce que j'éprouve, combien cette sorte de triste jouissance est-elle mieux sentie, lorsque, réunis entre amis et compatriotes, nous célébrons solennellement le souvenir de celui, qui naquit dans notre Auvergne, qui plaça son nom parmi les noms illustres dont elle s'honore, qui vécut parmi nous, et termina sa longue carrière sur le sol natal. N'est-ce pas comme un deuil de famille qui nous réunit pour lui consacrer un monument? N'est-ce point, comme son ami, que vous m'avez choisi pour votre organe, et non point comme orateur académique? Vous avez désiré que celui d'entre ses compatriotes, qui avait eu avec lui les plus anciennes et les plus intimes relations, vous entretînt des souvenirs que toujours il conservera chers et précieux.

François-Dominique de Reynaud, comte de Montlosier, naquit à Clermont, d'une famille noble, mais peu riche, dont il était le douzième et dernier enfant. Il fut élevé sans aucun soin particulier, recevant quelques leçons du précepteur de ses frères, puis placé, à six ans, au collége des Jésuites à Clermont. Il venait de perdre son père; sa mère était d'un caractère sérieux, sévère même. Son enfance et sa première jeunesse se passèrent d'une façon assez rude. On lit, dans ses Mémoires, le récit intéressant des premiers développements d'un caractère énergique, d'une imagination vive, d'un esprit original, d'une âme indépendante et peu sociable : tel nous l'avons toujours connu, Messieurs, tel il se montrait déjà dans son plus jeune âge.

De même, la marche de son intelligence, le désir qu'il eut toujours de conquérir plutôt que d'acquérir les connaissances, se manifestèrent dès le commencement de sa vie. « Je voulais bien savoir le latin, dit-il, » mais absolument je ne pouvais me résou- » dre à l'apprendre comme il s'apprend ; je » cherchais à le deviner. Le B A BA de » toute méthode m'était insupportable. Sur » quelques phrases et quelques mots que je » comprenais, je bâtissais une version assez » distinguée. »

Il a raconté aussi avec beaucoup d'intérêt, et de charme, son adolescence dans les écoles et ses premières années de liberté. On voit se succéder, dans cette âme énergique, une piété ardente; les agitations d'un amour passionné; l'essai et le dégoût de la vie du monde ; l'effet produit par quelques voyages à Paris, où il aperçut Voltaire et connut d'Alembert ; un besoin impérieux d'occupation ; des études commencées à sa manière, en toutes directions, l'anatomie, la chimie, le droit public : tout cela prenait place au milieu de sa disposition à une indépendance assez sauvage. Aussi ne se sentait-il goût à aucune carrière.

Ce fut pour obtenir une liberté solitaire et laborieuse qu'il résolut d'ensevelir sa vie dans nos montagnes, où il aimait tant à courir et à rêver. Le petit manoir de Recolène, vendu par sa famille, était possédé par une femme qu'il avait vue quelquefois. Elle était veuve, son revenu était moins que médiocre ; c'était une personne simple et rustique, sans aucun attrait de beauté ni d'esprit. « Je n'étais amou-
» reux ni d'elle ni de sa fortune ; je l'étais
» de ce lieu un peu sauvage, qui avait une
» belle fontaine, de beaux arbres plantés par
» mon père, et qui me rappelait les jours de
» mon enfance. »

Il épousa cette femme qui avait quinze ans de plus que lui. Dans son exaltation mélancolique, il disait : « Qu'ai-je à faire au monde?
» Voici mon tombeau. » Il passa ainsi huit années, se passionnant pour la vie rurale et le ménage des champs, en même temps pour la lecture des Pères de l'Eglise et pour l'étude de l'histoire de France. Il la chercha dans ses origines, surtout dans les monuments de sa législation et dans les anciens juristes. Ce fut

alors aussi qu'aidé de quelques connaissances de minéralogie, il explora avec sa persistance et son activité habituelles, le sol volcanique de l'Auvergne.

De cette étude, résulta le livre de la *Théorie des volcans d'Auvergne*. La science géologique a fait depuis de grands progrès. L'hypothèse a été réduite à y tenir moins de place que les faits reconnus et classés; mais l'œuvre de M. de Montlosier reste comme témoignage d'une singulière sagacité, d'une sorte d'imagination pénétrante qu'il portait en toutes choses. Il lui fallait peu d'observation, peu de vérité positive, pour mettre sa pensée en mouvement et le faire cheminer d'une façon souvent surprenante, par voie de divination. Il avait foi entière dans ses conjectures; il les poursuivait et les développait avec conviction, les enseignait avec éloquence. C'était la marche de son esprit, l'intérêt de sa conversation, la puissance de son style. En toute science, l'imagination joue et doit jouer un grand rôle; c'est elle qui presque toujours donne ardeur et besoin d'observer; on veut vérifier l'hypothèse conçue, on en poursuit les preuves; seulement le génie du vrai savant est plutôt en garde qu'en amour de sa supposition, et se tient toujours prêt à y renoncer au moindre avertissement de l'observation et de l'expérience.

Cependant M. de Montlosier avait successivement fait connaissance avec les hommes les plus éclairés et les plus distingués de notre province. De temps en temps, il descendait de sa montagne pour se mêler à une société de gens d'esprit, qui parfois allait aussi le visiter parmi ses volcans. Mes souvenirs d'enfance, souvenirs un peu confus, me rappellent cette époque. A peine reste-t-il quelqu'un de cette spirituelle coterie. Ici, pour ainsi dire, en famille, parmi les parents et les descendants de ces premiers amis de M. de Montlosier, j'aime à rappeler leurs noms. M. de Lamothe, M. Baudet des Nattières, M. de Lavédrine, mon père, M. de Chabrol : tels sont ceux dont il se plaisait à rechercher l'intimité ou la conversation.

Lorsque la Révolution éclata, M. de Montlosier avait déjà une réputation toute faite, point en France, mais en Auvergne. Autant, et plus que ses amis, il avait porté son attention sur toutes les questions du moment. Les administrations provinciales ; les objets présentés à l'examen des notables ; la composition des états-généraux et le mode de les élire ; les vices ou plutôt l'absence de constitution et de droits fixes, touchaient de trop près à ses études de l'histoire de France, pour qu'il ne se trouvât point préparé aux discussions politiques. Il ne fut pas d'abord élu député, et ce fut comme témoin qu'il assista, à Paris, aux premières scènes de la révolulution. La noblesse d'Auvergne avait donné à ses députés le mandat impératif de délibérer par ordre et non par tête. Il fallut donc, après le 14 juillet, convoquer de nouveau l'assemblée du bailliage, afin de rétracter ce mandat. En même temps des suppléants furent élus. Presque aussitôt après M. de Montlosier remplaça, en cette qualité, le marquis de la Ronsière qui donna sa démission.

De l'assemblée constituante date la renommée de M. de Montlosier. Parmi tant de noms, qui bientôt se rendirent illustres, le sien ne tarda guère à prendre place. Ce n'est point qu'il ait été un grand orateur; il ne reste point de lui des discours complets, embrassant tout un sujet, dominant une discussion, en résumant toutes les idées, pour les soumettre à son opinion. « Ce n'étaient point,
» dit-il, les impressions ou les idées qui me
» manquaient; tout cela était en moi avec
» abondance, mais dans une telle confusion,
» dans un tel tumulte, que si je voulais im-

» proviser, je m'embarrassais dans mon ba-
» gage. » Vainement ses amis, l'abbé Maury
surtout, l'engagèrent à employer plus habi-
lement sa force et son éloquence naturelle,
à se donner cette portion de métier, sans
laquelle avorte le talent. Il ne put diriger
vers ce but sa volonté et sa persistance. La
puissance de la parole exige une certaine disposition sympathique, une intelligence ins-
tinctive avec les auditeurs, qui manquaient à
M. de Montlosier. D'ailleurs, il était si ardent
au combat, et la guerre était si animée, qu'il
n'avait ni le sang-froid ni le loisir nécessaires
pour des études oratoires. « Si l'assemblée
» constituante m'avait présenté une institu-
» tion durable; si, comme en Angleterre,
» j'avais trouvé devant moi un système régu-
» lier d'institutions, j'aurais eu une perspec-
» tive de services, un avenir d'utilité; j'au-
» rais fait alors, avec suite et persistance, ce
» qui était nécessaire pour me coordonner
» et me perfectionner. Je montais à la tri-
» bune, non, comme d'autres, pour briller,
» mais toujours de colère et d'impatience
» pour combattre. » Ces impulsions du cour-
roux lui inspiraient, sinon un large discours,
une belle œuvre d'art, du moins des mouvements éloquents, des paroles d'une mer-

veilleuse énergie, des traits pénétrants, des passages tels que celui qui est resté si célèbre, où, parlant des évêques : « Vous leur ôtez » leur croix d'or, ils prendront une croix » de bois ; c'est la croix de bois qui a sauvé » le monde. »

Cette ardeur aux combats politiques a parfois donné une fausse idée des opinions de M. de Montlosier ; elles n'eurent jamais rien de favorable au despotisme. Nul n'avait, par le caractère, plus encore que par la pensée, autant d'antipathie du pouvoir absolu. Historiquement, il y voyait une usurpation de la royauté sur la noblesse ; ses habitudes solitaires et montagnardes ne lui donnaient ni le goût, ni la faculté d'être un courtisan ; pas une fois il ne se présenta chez le roi ; il ne voulut pas même recevoir les louanges et les encouragements que la reine avait désiré offrir au courageux défenseur de la cause royale. Ce qui animait les opinions de M. de Montlosier, ce n'était aucun éloignement pour des institutions destinées à garantir les libertés ; il avait, comme tant d'autres, déploré l'absence de toute loi constitutionnelle, qui définît les droits et les pouvoirs ; il avait souhaité quelque chose ressemblant à la constitution anglaise ; il tenait par ses vœux à la portion modérée du côté droit, à M. Malouet, à M. de Clermont-Tonnerre, à ceux qu'on nomma les monarchiens. Mais ce qui excitait sa vivacité, ce qui allumait son indignation, c'était le renversement de l'ordre social, les procédés violents et arbitraires de la Révolution, l'indulgence pour les crimes et pour le sang versé, les attentats à la sécurité publique, à la liberté individuelle, à la propriété. Sur tout cela, il n'admettait nulle excuse tirée des circonstances et de la fatale nécessité des révolutions.

Le blâmerons-nous d'un tel sentiment, Messieurs, nous, témoins de la glorieuse et salutaire différence de la révolution qui détruisit le régime ancien, et de la révolution qui fonde l'ordre nouveau. C'est pour avoir su ne point dériver à l'anarchie ; c'est pour n'avoir pas oublié la justice et les lois ; c'est pour avoir défendu la paix publique et la sécurité de chaque citoyen ; c'est pour nous être courageusement préservé de toute condescendance envers les insensés ou les criminels qui attaquaient la société, que nous n'avons point roulé d'abîme en abîme, et que nous avons donné le noble et nouveau spectacle d'une nation qui, après avoir employé sa force à défendre ses droits, a su mettre la même énergie à établir le respect des lois et de l'ordre social.

Le caractère principal des opinions politiques de M. de Montlosier fut donc une grande préoccupation pour le maintien d'une société bien réglée. Dans ses écrits, dans ses controverses, comme sur son banc de député, c'est dans cette voie qu'il a montré son talent, son savoir, sa rare sagacité. Comme presque tous les publicistes, il a été plus remarquable dans la critique et dans l'analyse, que dans la guérison et la synthèse. Ses idées, empruntées au passé, plutôt que jetées dans les espérances de l'avenir, se rapportaient en général à une société ordonnée hiérarchiquement, classée par des droits graduels, plutôt que régie par la loi égale et commune. Il aimait les ordres, les corporations, les professions distinctes, l'esprit de corps, la continuité des intérêts ; telles étaient les formes sous lesquelles lui apparaissaient les libertés et les garanties contre l'arbitraire. Sa vie tout entière ne l'a point laissé un seul instant indifférent aux destinées de son pays ; il en a été passionnément ému ; pourtant ce grand esprit, si pénétrant et si éloquent dans le blâme, ne donnait jamais l'idée d'une capacité applicable et pratique.

La vie que mena M. de Montlosier, pendant l'assemblée constituante, modifia peu son caractère et son genre d'esprit ; il ne prit pas plus de goût pour la société des salons. Tout en ressentant vivement les malheurs publics et les adversités de son parti, il passait son temps d'une façon, qui n'était point sans charme. L'intérêt continuel de la lutte politique, une camaraderie de gentilhomme et de député avec des hommes spirituels, l'indépendance de la pensée et de la parole, le tenaient actif et animé. Pendant quelques intervalles, il retrouva son goût pour la géologie, et parcourut les environs de Paris en observateur assidu. Le magnétisme, qui déjà en Auvergne avait été pour lui un objet d'étude et un attrait pour son imagination, l'occupa aussi beaucoup, et lui fut, ainsi que la conformité d'opinion politique, un lien avec M. Bergasse. Il publia quelques brochures : *Essai sur l'art de constituer les peuples. — Nécessité d'une contre-révolution. — Moyens de contre-révolution. — Régénération du pouvoir exécutif.*

Après la fin de l'assemblée constituante, M. de Montlosier, conseillé, plutôt par une triste prévoyance que par un espoir dont il était très-éloigné, se résolut à émigrer. Il alla rejoindre les princes à Coblentz; il y fut d'abord accueilli comme un tard venant, comme une sorte de constitutionnel, qui avait cherché le salut de la bonne cause dans des phrases et des brochures, plutôt que dans son épée, ainsi que devait faire tout loyal gentilhomme. En fait d'épée, M. de Montlosier n'était en reste avec personne. Du caractère dont il était, plus d'une fois il avait eu à se battre, pendant l'assemblée constituante, et même auparavant. Comme il le racontait plaisamment, il eut à conquérir son titre d'émigré par un ou deux duels.

Il fit la campagne de 1792 ; puis après la retraite de Champagne, le courage lui manqua, non point pour donner sa vie à la cause qu'il défendait, mais pour endurer la déraison et l'intrigue, qui présidaient aux destinées de l'Émigration. Il laissa l'armée des princes, et alla habiter Hambourg, où se trouvaient alors bon nombre de Français, gens d'esprit ou d'opinions modérées, plutôt réfugiés qu'émigrés. Il avait prévu que l'exil pourrait durer long-temps, et, vendant une part de son patrimoine, il avait emporté de quoi vivre avec quelque indépendance.

Plus tard, il passa en Angleterre, et s'y fixa; là, il se rencontra avec des compatriotes, des amis, une société, qui lui était plus ou moins conforme par l'opinion ou par le discernement. Il y retrouva M. Malouet ; il y connut M. de Châteaubriand et M. de Fontanes. C'était presque exclusivement avec des Français qu'il vivait en habituelle communication. Nulle sympathie ne le rapprochait du caractère anglais. Il était, selon l'épithète qu'on lui appliquait à Londres, trop excentrique pour s'accommoder du joug des convenances anglaises, trop idéal et trop théorique dans ses opinions pour faire reconnaître son mérite et son talent. Burcke se rapprochait de lui par la nature de son esprit. Il s'attacha au caractère chevaleresque de Windham.

Bientôt il entreprit un journal (le *Courrier de Londres*), qui ne tarda guère à obtenir un grand succès en Angleterre et sur le continent.

L'indépendance de ses jugements, la verve rude avec laquelle il les prononçait, la sagacité d'observation si éminente en lui, son impartialité, qui le séparait nettement de toute faction, donnèrent une sorte de puissance à sa polémique. Dans une brochure intitulée : *Lettres sur la modération*, il traita avec une extrême âcreté les publicistes de l'Emigration et leurs folles menaces de vengeance et de ty-

rannie. Il disait: « Vous vous montrez gros de
» plus de crimes que Marat et Robespierre. »

Lorsque le général Bonaparte devint premier consul, M. de Montlosier aperçut tout de suite quelle œuvre ce puissant génie était appelé à accomplir; il reconnut l'homme qui devait rétablir l'ordre social en France. La direction que prenait le *Courrier de Londres* fut remarquée à Paris, non par le public qui ne recevait pas les journaux anglais, mais par le gouvernement consulaire. M. de Talleyrand et Fouché donnèrent à Napoléon le désir d'appeler M. de Montlosier; mais il était à la tête d'un journal assez en vogue pour lui procurer un revenu suffisant, et en France, il n'avait aucune fortune à retrouver. Il demanda qu'on lui permît de transporter à Paris son établissement, et d'y continuer la publication du *Courrier de Londres et de Paris*. C'était une entreprise impossible sous l'ombrageuse censure d'un régime, où l'ordre s'établissait aux dépens de la liberté. M. de Montlosier n'était pas homme à vendre son opinion ou sa rédaction. Après un petit nombre de numéros, le journal fut supprimé.

En indemnité de sa position détruite, il fut attaché au ministère des affaires étrangères, sans nulle occupation régulière ou obligatoire,

recevant un traitement ou plutôt une pension, qu'il regardait comme l'acquittement d'une dette. Fidèle à son esprit et à ses habitudes d'indépendance ; il ne songea point à rechercher un emploi, à se donner une situation officielle. Il n'avait aucun rapport direct avec le pouvoir, on ne le voyait jamais dans un salon de ministre. Il ne demandait pas mieux que d'être chargé de quelque travail, mais n'en sollicitait pas.

M. de Talleyrand l'engagea à écrire une notice sur le chevalier d'Azara, qui venait de mourir. Puis, après la rupture de la paix d'Amiens, lorsqu'on employait tous les moyens pour échauffer l'esprit national, déjà assez animé contre l'Angleterre, M. de Montlosier fut chargé de la publication d'un journal hebdomadaire (le *Bulletin de Paris*), spécialement destiné à une guerre de plume contre les Anglais. Ce n'était pas une tâche digne de lui ; quelque réel et sincère que fût son éloignement pour une nation, où il avait trouvé l'hospitalité, il n'aurait pas dû la poursuivre de populaires injures. Les articles n'avaient pas même la valeur d'une controverse sérieuse, et la plaisanterie était aussi messéante au sujet qu'à l'écrivain. Depuis, ces articles, toujours anonymes, furent recueillis en un volume intitulé : *Les Anglais ivres d'orgueil et de bière*. Mais il fut étranger à cette publication, qui le contraria beaucoup.

Cependant Napoléon devint empereur ; sachant que M. de Montlosier s'était particulièrement occupé d'études sur la constitution monarchique de la France, il indiqua le désir de lui voir traiter explicitement ce sujet. Rien ne pouvait convenir mieux à M. de Montlosier ; il revint avec goût et ardeur à ses anciens travaux, aux occupations de sa jeunesse, à des idées, qui avaient toujours pris une large place dans sa politique du moment. Néanmoins il n'agrandit guère le cercle de ses premières recherches. Il retourna aux mêmes sources, où il avait puisé ses connaissances et ses opinions. Le sujet fut encore, pour lui, les origines du régime féodal ; avec moins d'exagération et plus de savoir, il continua le système de Boulainvilliers, rattachant tout au fait de la conquête et à la distinction des races.

Après lui, des écrivains studieux et clairvoyants, et surtout M. Guizot et M. Thierry, ont cessé de dériver la composition nationale de la France, et son ordre social et légal, soit des Germains conquérants, soit des Gaulois soumis et accoutumés au droit romain. Ils ont montré comment, dans l'abolition complète de tout gouvernement et de toute puissance centrale, la souveraineté avait pu devenir locale et se confondre, pour ainsi dire, avec la propriété; comment, du chaos anarchique où gisaient pêle-mêle les souvenirs et les mœurs germaniques, confondues avec les traditions romaines, parmi la fusion des races diverses, la constitution seigneuriale était née de la force des choses, et non pas continuée par transmission de droits ou par autorité des précédents.

Malgré ces progrès de la science, le livre de la *Monarchie française* ne demeure pas moins une œuvre très-remarquable, qui a jeté beaucoup de lumières sur notre histoire : œuvre abondante en pensées, et toute propre à en faire naître dans l'esprit des lecteurs intelligents. Le langage a une couleur énergique, un éclat d'imagination qui charment et séduisent. Je me souviens avec reconnaissance de l'effet que produisaient sur moi cette conversation animée de tant de verve, ces tableaux si brillants des origines nationales, cette ardeur pour son travail et pour son œuvre, dont M. de Montlosier me donnait le spectacle, quand, fort jeune encore, il m'admettait dans son amitié. Le penchant, que je me sentais pour l'étude de notre histoire, recevait de lui excitation et encouragement. Il n'y a pas long-temps que M. Thierry me racontait comment le livre de la *Monarchie française*, tout en choquant vivement ses opinions, l'avait, pour ainsi dire, appelé et provoqué, par son style vivant et incisif, à la vocation qu'il accomplit si glorieusement. Mais la vieille monarchie française, mise en débris et en poudre par décadence, et enfin par la Révolution, n'avait rien à léguer à la monarchie nouvelle d'une société nouvelle. Ainsi toute cette étude et ces commentaires des temps antiques n'étaient, en aucune façon, la tâche commandée par l'empereur Napoléon. M. de Montlosier avait suivi les inspirations et la pente de son esprit, sans trop songer à ce qu'on voulait de lui. Peut-être aussi croyait-il, dans ses habitudes de théorie et de généralité, qu'il faisait quelque chose d'utile et d'essentiel, et qu'il fournissait une base pour des applications pratiques. Napoléon se fit à diverses fois rendre compte de ce travail. M. de Montlosier en écrivit même une analyse succincte et raisonnée qui, sans doute, ne fut pas lue du maître. Le livre l'eût souvent mécontenté, et les réclamations vigoureuses contre les usurpations monarchiques de Louis XIV, n'étaient pas pour lui plaire. Quoi qu'il en soit, M. de Montlosier faisait son ouvrage pour lui-même, à loisir, le revoyant avec soin, sans qu'il fût question de le publier.

Il s'acquittait en même temps d'une autre obligation, qui lui avait été imposée. Napoléon, qui interdisait despotiquement toute discussion publique de son gouvernement, de ses actes, de sa politique, éprouvait pourtant le besoin de savoir ce que pensaient les hommes d'esprit, les hommes qui pouvaient connaître l'opinion publique, et en auraient été les organes, s'il y avait eu liberté. Il se faisait adresser confidentiellement, par un assez grand nombre de personnes, leurs réflexions et leurs avis sur la marche des choses, sur les circonstances du moment. Comme M. Fiévée, comme Mme de Genlis, M. de Montlosier était un de ses correspondants. Ce rôle ne lui déplaisait pas. Depuis, et même sans y être provoqué, il a souvent adressé à des ministres ses critiques et ses jugements. Les hommes, qui aiment et respectent l'ordre public, qui craignent tout ce qui pourrait l'ébranler, sont parfois disposés à être ainsi les conseillers sincères et même sévères du pouvoir, plutôt que ses adversaires publics.

Il leur convient mieux de chercher l'influence, quand ils la croient possible, que de se placer en opposition hostile. Avec Napoléon, il n'y avait pas à choisir entre les deux rôles.

Ces sortes de relations inofficielles avec l'Empereur, étaient mal interprétées par le public. M. de Montlosier avait demandé que le secret fût exactement gardé. Une circonstance fortuite lui fit craindre que cette condition eût cessé; il interrompit sa correspondance. D'autre part, son ouvrage ne pouvait être imprimé, il se trouvait donc assez de liberté et de loisir. Il alla en Auvergne pour rassembler quelques débris de son patrimoine; il fit plusieurs voyages à Genève chez mon père, le plus ancien et le meilleur de ses amis. Là, il reprit ses études géologiques en parcourant les Alpes. Puis, il partit pour l'Italie, afin de voir le Vésuve et les sols volcaniques.

Il était absent de France, quand les armées de l'Europe arrivèrent à Paris, quand s'écroula le trône impérial, dont la stabilité ne lui avait jamais paru assurée. La Restauration lui causa peu de joie. La cause qui avait été la sienne, les princes avec qui il avait combattu triomphaient enfin; mais il n'avait jamais eu aucune illusion sur eux, sur l'esprit qui les environnait, sur le parti dont ils étaient le drapeau. En général, ce fut surtout les hommes de 1789, qui augurèrent mal de la Restauration. Quel qu'eût été leur parti, ceux qui avaient tenté de sauver la monarchie, tout comme ceux que les intérêts de la liberté avaient surtout préoccupés, les uns aussi-bien que les autres avaient appris, par expérience, combien aveugles et ingouvernables étaient les préjugés, les opinions et les intérêts, qui s'étaient incorporés à la dynastie. Les aînés de la révolution avaient moins d'espérance que les générations nouvelles.

M. de Montlosier ne se fit point un titre de son émigration; il n'alla point se montrer aux princes; il conserva toutes ses amitiés et ses relations du temps de l'Empire, regardant le nouveau gouvernement sans malveillance, mais sans affection. Il demanda seulement à conserver aux affaires étrangères sa position qui avait originairement été une indemnité. Il s'occupa aussitôt de publier la *Monarchie française*. De même qu'il n'avait pas songé à faire de son livre un pamphlet pour l'Empire, de même, il ne le dédia en aucune façon à la Restauration. Il y ajouta un quatrième volume tout entier de circonstance, où il n'épargnait pas au gouvernement royal des conseils rudement exprimés ; le retour de l'île d'Elbe venait au moment même en confirmer la justesse.

Après le second retour du roi, M. de Montlosier se trouva à Paris dans une situation, qui lui déplaisait. Il ne voulait point se jeter dans une opposition, qui ne convenait ni à sa vie passée, ni à son penchant. Les dissensions politiques des salons les lui rendaient encore plus fâcheux. La persécution atteignait des hommes qu'il aimait tendrement, entr'autres M. de Lavalette. Son imagination se reporta vivement aux jours de sa jeunesse ; aux montagnes d'Auvergne et à leurs solitudes, à la vie rurale, aux travaux de l'agriculture. Il abandonna Paris et ses amis. Un terrain désert et inculte, entre Clermont et les monts Dores, parmi les cratères des volcans, lui était échu en héritage. Il se passionna à l'idée de le fertiliser, d'y fonder une belle exploitation, d'y élever un nombreux bétail. A l'âge du repos et du bien-être, ce fut l'aliment qui mit en fermentation son active volonté. Ses capitaux, les économies de son revenu, bien plus encore ses pensées et ses soins n'eurent plus un autre emploi que de faire pousser du trèfle à Randanne. Il commença par s'y loger dans une cabane de paille, puis dans l'étable; car la maison du propriétaire devait être la dernière construite. Ainsi campé sur la route des monts Dores, sa principale distraction était d'offrir une hospitalité de quelques moments aux voyageurs, qui passaient dans la saison des eaux. La visite des amis qu'il avait laissés, des hommes célèbres ou importants, des personnes distinguées de la société de Paris, charmait sa solitude. Il s'animait à leur montrer ses herbages et ses bestiaux. A lui voir une telle ardeur de volonté et de passion, au milieu des laves refroidies depuis tant de siècles, chacun se prenait à dire qu'il était le seul volcan qui ne fût pas éteint.

Toutefois un nouvel accès d'amour pour la géologie le décida à entreprendre un voyage en Allemagne, pour étudier les basaltes. A plus de soixante ans, il parcourut à pied, avec d'incroyables fatigues, les rives du Rhin et les montagnes de la Westphalie.

Peu à peu, quelque intérêt lui revint pour la politique. Le flot des réactions royalistes avait été arrêté. Il se sentait reconnaissance et confiance pour les hommes qui avaient rendu ce grand service au pays. M. de Richelieu, M. de Cazes, M. Laîné, M. de Serres, recevaient, de temps en temps, de longues lettres de lui. Il y traitait de la situation et des embarras du moment, des périls de l'avenir, de la marche à suivre. Si ses avis n'étaient point mis en œuvre, il se contentait de les voir accueillis avec considération. Ses opinions, qui ne pouvaient jamais l'identifier avec un parti quelconque, le rapprochaient alors de ce que, dans notre argot parlementaire, on nommait le centre droit. Il se composait d'hommes qui, avec une affection vraie pour la liberté, sentaient une grande et craintive méfiance de l'esprit démocratique. Lorsque la faction royaliste posséda le pouvoir, pendant que M. de Villèle était ministre, M. de Montlosier se retrouva dans une sorte d'opposition.

Bientôt commença une phase nouvelle de sa vie politique. Il avait toujours eu respect pour la religion, non pas seulement comme le seul principe d'ordre social et de morale privée, mais il acceptait, il appelait des vérités de foi placées hors du domaine de la raison; il était chrétien. Toutefois, dans la portion fougueuse et indomptable de son caractère, s'élevait une révolte intérieure contre cette puissance absolue qui doit régir tous les mouvements de l'âme, et pénétrer dans les plus intimes replis du cœur. Ainsi, par une contradiction singulière, il voulait honorer la croyance et les symboles, en même temps qu'il leur refusait la juridiction sur la conscience. De même il voulait bien respecter le clergé, s'incliner devant son caractère sacré; mais, s'il lui fallait reconnaître le prêtre comme organe de la loi de Dieu, il ne trouvait ni résignation, ni soumission; toutes ses passions se soulevaient. Cet ordre d'idées l'avait préoccupé et agité pendant toute sa vie : de là une extrême méfiance contre le prêtre dans ses rapports avec le fidèle. Ainsi une contre-révolution, opérée par le clergé, lui apparaissait comme la plus insupportable et la plus menaçante. Il s'échauffa sur ce thème, et commença cette guerre contre les Jésuites et contre ce qu'il nommait injurieusement le parti-prêtre.

Ce fut un des épisodes les plus significatifs de la Restauration. Brochures : Mémoire à consulter, Appel aux tribunaux, Pétition à la chambre des pairs : M. de Montlosier ne se donna point un instant de relâche ; toute son énergie était en jeu. Il avait connu le succès et la renommée; pour la première fois il rencontra la popularité. Sans l'enivrer, elle lui fut une grande jouissance. Il aimait à se sentir en sympathie avec l'opinion générale. Encouragé par cette faveur publique, il publia successivement *les Mystères de la vie humaine:* rêveries où la raison n'a point trouvé une place suffisante, où l'imagination n'a plus le charme de la jeunesse ; puis les deux premiers volumes de ses *Mémoires*, dont l'intérêt et le charme ne furent pas aperçus, au milieu des événements de 1830.

Il avait soixante et quinze ans, lorsque survint la révolution de Juillet. Sa robuste nature commençait à éprouver quelque affaissement. Au point où l'avait amené sa dernière polémique, et avec le peu de sympathie qu'il avait accordé à la Restauration, il vit avec contentement l'institution de la dynastie nouvelle. C'est, à vrai dire, le seul gouvernement auquel il se soit donné. Il tarda peu à en recevoir des marques de considération et de bienveillance. Il reprit ses correspondances avec les ministres ou les hommes en crédit, quelquefois avec publicité et sous forme de brochures. L'invasion du clergé le préoccupait encore, quand le public, qui n'y avait jamais vu qu'une question politique, n'y songeait déjà plus.

En octobre 1832, il fut appelé à la chambre des pairs ; il y était assidu ; son intérêt à toutes les discussions était vif ; assez souvent il prenait la parole. Si parfois ses amis regrettaient de ne plus le trouver tel qu'il était encore peu auparavant, et de le voir employer son inextinguible verve à des digressions, sans rapport direct ni pratique avec la délibération, on admirait toujours cette originalité d'expression, cette empreinte vigoureuse, cette indépendance d'opinion que l'âge avancé n'avait ni détruites, ni affaiblies.

Sa fin était destinée à donner, ainsi que sa vie, un spectacle de lutte et d'énergie. Il ne trouva point le repos, même sur le lit de mort. Je ne veux point, je ne dois pas, devant sa famille et ses amis, dans une ville qui s'honore d'être sa patrie, rappeler de tristes souvenirs, encore présents à ceux qui m'écoutent. Il ne m'appartient pas de juger, ni même de rechercher ce qui advint, au chevet d'un mourant, entre le fidèle qui demandait absolution et consolation, et l'Eglise dont la mission et le désir sont toujours de pardonner. Il y avait sans doute un devoir à accomplir ; mais ce devoir fut triste et sévère.

J'ai accompli, Messieurs, trop longuement peut-être, la tâche que vous m'aviez confiée ; je me suis laissé entraîner à vous raconter avec détail, cette vie qu'a rendue dramatique une âme énergique et mobile, plus encore que la diversité des événements. Puis-je espérer que vous aurez mis quelque complaisance à m'entendre, comme j'ai éprouvé du charme à vous confier mes souvenirs et mes impressions? Beaucoup d'entre vous ont connu M. de Montlosier? Sa renommée a été souvent le sujet de vos entretiens; elle est, pour ainsi dire, une propriété de l'Auvergne. Parmi les hommes qui ont honoré notre province, nul peut-être n'a mieux rappelé le caractère qu'on attribue généralement à ses habitants. Cet esprit qui n'est pas, dit-on, assez sociable, mais qui garde plus d'originalité personnelle; cette obstination en son propre sens; cette sauvagerie montagnarde, qui sont remarqués dans les hommes d'Auvergne, étaient en lumière et en saillie chez M. de Montlosier.

N'est-ce pas un motif de plus pour célébrer sa mémoire, pour solenniser l'inauguration de son image? Nous n'avons peut-être pas assez de soin, assez de religion pour nos hommes illustres. Ils sont nombreux, vous le savez; et nous nous en vantons; mais on cherche vainement des monuments qui les rappellent. Bientôt, pourtant, la statue de

Désaix va s'élever. Voici, dans cette enceinte, Pascal, un des plus beaux fleurons de notre couronne; et près de lui, comme par contraste, l'aimable chantre des Jardins. Le vénérable chancelier de l'Hospital a été placé dans la petite ville qui lui donna naissance.

Ce n'est pas assez, Messieurs; nous devrions imiter l'heureuse et grande idée de Versailles. Nous devrions avoir un musée consacré à nos compatriotes célèbres. Nous les montrerions avec orgueil à l'étranger qui vient visiter notre pittoresque contrée. Nous les ferions voir à nos enfants, pour exciter leur émulation. Honorer le passé, c'est ennoblir l'avenir.

CLERMONT, impr. de THIBAUD-LANDRIOT et Cie.

www.ingramcontent.com/pod-product-compliance
Lightning Source LLC
Chambersburg PA
CBHW060546050426
42451CB00011B/1814